SOUVENIRS

[illegible]

NOTES

ARCHÉOLOGIQUES, HISTORIQUES

ET PHYSIOLOGIQUES

PAR

[illegible]

PARIS

[illegible]

LIBRAIRE DE LA SOCIÉTÉ DES GENS DE LETTRES

PALAIS-ROYAL, 15-17-19, GALERIE D'ORLÉANS

—[illegible]—

SOUVENIRS DU BÉARN

NOTES ARCHÉOLOGIQUES, HISTORIQUES
ET PHYSIOLOGIQUES

SOUVENIRS
DU BÉARN

NOTES
ARCHÉOLOGIQUES, HISTORIQUES
& *PHYSIOLOGIQUES*

PAR

M. Henri BACQUÈS

PARIS
E. DENTU, ÉDITEUR
LIBRAIRE DE LA SOCIÉTÉ DES GENS DE LETTRES
PALAIS-ROYAL, 15, 17, 19, GALERIE D'ORLÉANS

1879.

*A l'âge des illusions, à un âge où l'on ne mesure pas encore toute son insuffisance ou toute son ignorance, j'avais consacré quelques loisirs à des études locales d'archéologie ou d'histoire. Ces études, qui furent publiées dans les journaux de Pau (*L'OBSERVATEUR *et* LE MÉMORIAL DES PYRÉNÉES*) auraient pu s'étendre à des sujets plus intéressants de ce pittoresque et gracieux pays de Béarn; mais elles se trouvèrent interrompues par mon éloignement de la contrée. Aujourd'hui, après plus de trente ans, je recueille une partie de ces travaux pour en former un petit volume sans prétention, et l'offrir à mes compatriotes, à titre de souvenir.*

H. B.

MONEIN

MONEIN

ESQUISSE PHYSIOLOGIQUE

En me permettant de prendre la plume pour attirer un instant l'attention sur une petite cité béarnaise, mon but n'est point certainement d'aller, dans la nuit des temps, fouiller son origine plus ou moins illustre ni d'examiner ses vieilles libertés, ou ses chartes, ou les actes

(1) Les Jurats étaient les juges de la communauté dans l'ancienne constitution Béarnaise. Ils étaient présidés par le *Bayle*, qui était l'homme du seigneur et avait quelque analogie avec le *Bailli* des autres provinces. Les Jurats étaient nommés à l'élection.

officiels de messieurs les Jurats (1). Non, je ne viens pas ici rechercher quelle a pu être sa part de gloire dans les annales historiques du Béarn : Je laisse là le bon vieux temps et me contente du rôle d'observateur, de physiologiste.

Monein se trouve placé au point d'intersection des deux grandes routes de Pau à Navarrenx et Saint-Jean-Pied-de-Port et d'Oloron à Orthez (1). Quoique son climat soit des plus salutaires, sa position topographique n'est guère avantageuse. Enveloppé de tous côtés par des collines assez escarpées, Monein n'a pas un extérieur ni des abords dégagés. Toutefois, il faut le dire, aux portes de son plus gracieux

(1) *Sherif Edrisi,* plus connu sous le nom de *Géographe Nubien,* donne les distances de *Tolosa* à *Munius* (Monein) et de *Munius* à *Saint-Jean-Pied-de-Port.* C'était la route tracée, en 1,100, par le commerce des Arabes. D'un autre côté, un chroniqueur béarnais, *Marsal,* dit que Monein est une ville très-anciennement bâtie. Enfin, Pline le jeune, contemporain et panégyriste de Trajan, en parlant des populations du Midi, cite les *Monesii* (habitants de Monein), comme une peuplade très-ancienne.

hameau, sur la rive gauche du Gave de Pau, on voit se dégager une série de clochers dont le coup d'œil charme : Abos, Tarsacq, Pardies, gentil village si célèbre par ses orageux débats municipaux ; Noguères, Mourenx, Bezingrand avec son immense population de quatre-vingts âmes, Os, Abidos, etc., etc. C'est à travers cette joyeuse haie d'habitations qu'un projet d'embranchement doit, depuis plusieurs années, rapprocher Monein de la ville d'Orthez. Déjà un pont en fil de fer s'élève sur le Gave, entre Abidos et Lacq, et satisfait plutôt à la curiosité qu'à l'utilité publique, le travail d'embranchement ayant été probablement oublié dans les cartons administratifs (1).

Quoi qu'il en soit, Monein ne cesse pas de livrer au commerce son contingent de jambons salés, pour ensuite laisser aussi usurper au Béarn la gloire du nom par Bayonne, cité que l'épithète *nunquam polluta*, a rendue si téméraire :

(1) Le chemin de fer du Midi, qui a permis d'utiliser ce pont, n'existait pas à l'époque où ceci était écrit.

Moncin orne le plus souvent de ses produits les tables de nos Véry Bearnais; ce sont, tour à tour, et les petits pois verts, et les fruits les plus recherchés, et du vin savoureux et de délicieux civets...... O vous tous, adorateurs de Bacchus, nobles gourmets, n'oubliez donc jamais la reconnaissance que vous devez à Moncin; accordez, quelquefois du moins, à ces pauvres campagnards, les faibles honneurs d'un toast......

D'après ce brillant tableau de l'exportation *moncinienne*, l'aisance la plus honorable semblerait assurée à ces bons paysans. Détrompez-vous; pendant que sur d'autres parages, une main habile consacre ses soins et son art à faire produire à un sol ingrat quelques beautés des champs, ici la nature prodigue toutes les richesses les plus variées ; on voit croître à la fois le gazon et les fleurs, et les fruits et les moissons ; tout en un mot, semble sourire aux vœux du cultivateur. Mais, trop souvent, au milieu de cette apparente sérénité, l'horizon s'obscurcit, les nuages deviennent épais et menaçants, l'orage gronde, et quelques instants suffisent pour détruire presque entièrement d'abondantes récoltes, l'espoir de toute une année. Le voilà donc ce malheureux laboureur, d'un côté abandonné du *bon Dieu*, à qui il avait dédié le fruit de ses rudes travaux; de l'autre, privé des quelques centimes qu'il possède par un gouvernement dit à bon marché. Il ne lui reste plus d'autre ressource, que de se donner en toute confiance aux *brouches* (1); c'est ce qu'il fait, nous en avons pour garant la parole de plus d'une dévote.

Il ne faut pas croire, pour cela, que l'habitant de nos contrées n'a pas d'autre culte, d'autre idole; son veau d'or, c'est le dieu de la treille. Dans les jours de grandes réunions, dans les jours de marché, on peut voir autour de ces tables rustiques, des groupes animés d'honnêtes paysans, citoyens par excellence, cimenter par de nombreuses libations, l'égalité, l'union, la fraternité. Que d'éloquence, que de vérité dans ces dialo-

(1) Sorcières.

gues ! Plus d'un rhéteur, à coup sûr, envierait à ces grossiers personnages maintes figures hardies, maintes pensées nobles et vraies. Mais le bizarre tintement de la clochette municipale vient interrompre ces scènes pittoresques. On se sépare pour ne plus se réunir que le dimanche suivant autour de la chaire évangélique.

Ces deux jours exceptés, c'est-à-dire le dimanche et le lundi, Moncin offre un aspect assez triste, assez monotone : point de mouvement, point de distraction ; de temps à autre pourtant, afin que nous ne puissions pas oublier la fragilité de nos existences, on est surpris par le chant lugubre de quelque *De profundis*. Le ministre de la foi précède un modeste cercueil ; quelques voisins, quelques parents endossés d'un pesant manteau, quelques bonnes femmes, un cierge à la main, accompagnent humblement le mort à sa dernière demeure, et, usage singulier ! après la cérémonie funèbre, chacun des assistants mange sa portion de pain et de fromage, chacun boit à la santé du pauvre trépassé. N'y a-t-il pas encore là quelque chose des us et coutumes des païens ?

Monein possède une vaste halle, bâtie avec solidité mais sans art. C'est là que siégent tous les pouvoirs de la cité, c'est là qu'est caserné le corps des sergents de ville, la terreur des pochards et des tapageurs nocturnes. La halle domine une place assez spacieuse, mais qui présente des variations de terrain dangereuses pour la circulation. La restauration de cette place est de la plus urgente nécessité ; et si j'étais de quelque poids dans la balance administrative, voici ce que je dirais, à peu de chose près, à Messieurs de la municipalité : « Messieurs, si vous voulez bien « mériter de vos concitoyens, si vous voulez que « vos noms passent avec honneur à la postérité, « restaurez, restaurez cette maudite place, hâtez-« vous, et un jour, n'en doutez pas, vos petits-« neveux ne manqueront pas d'élever une colonne « en votre mémoire. »

Puisse mon éloquence les toucher et les convaincre !... C'est sur le sol assez peu uni de cette place qu'on voit, dans certains jours de marché, de nombreux villageois se livrer à tous les charmes de la danse, au son de l'original tambourin et de l'élégante clarinette. C'est encore sur cet emplacement que, au mercredi des Cendres, se dénoue un drame assez grotesque. Fidèles à la tradition, les jeunes gens de Moncin procèdent au jugement d'un mannequin carnavalesque : accusateurs et défenseurs sont tour à tour entendus, et les amis de la joie et de la folie ont toujours le malheur de voir leur idole livrée à la fureur de Carême et consumée sans pitié par les flammes, et cela aux grands applaudissements de la foule.

Non loin de la place, un clocher aux murs antiques et décrépits, lève majestueusement sa tête et semble couvrir de ses ailes les modestes habitations de Moncin ; sa hauteur, la simplicité de sa construction et surtout sa vétusté, font de cet édifice un objet de vénération ; de l'un de ses flancs, il paraît soutenir l'église, vaste sanctuaire d'un style également simple. Jadis, à la façade extérieure du clocher, une porte s'ouvrait large et dégagée, pour laisser pénétrer les fidèles dans le temple ; dans quelque circonstance critique, cette porte a été condamnée, et l'on ne paraît plus songer à la rouvrir (1) ; il ne reste plus que deux petites entrées latérales. L'intérieur de l'église se fait remarquer par sa nudité ; on n'aperçoit qu'un seul tableau de Jésus sur la croix, et puis, dans les hautes régions du sanctuaire, une vierge est suspendue et semble vouloir se précipiter au milieu des fidèles. Le maître-autel a quelque chose de grandiose et d'imposant : on admire et le nombre et l'originalité de ses sculptures : c'est bien là le genre espagnol. Un orgue remarquable

(1) Cette porte a été rouverte. L'église de Monein est une des plus anciennes et des plus remarquables du Béarn ; elle appartient au style gothique. Sa construction paraît remonter à la fin du xve siècle. Cette église présente ceci de singulier : elle ne possède que la nef principale et la nef du Nord ; celle du Sud n'a pas été construite. Elle a reçu les restes de Jean d'Albret, roi de Navarre, aïeul de Henri IV ; ce prince est mort à Monein, en 1516. (Voyez à la fin du volume la notice relative à un tableau que possède cette église.)

relève la solennité de nos fêtes, grâce à l'intelligence et au talent d'un artiste habile. A une époque assez reculée, une petite chapelle du nom de *Marca* (1) avait été distraite de l'église; il n'en reste aujourd'hui que des ruines. Du côté opposé, on voit une autre petite chapelle d'origine plus récente: elle est dite chapelle de *Badet*, d'une ancienne famille qui vit encore dans le pays. Le banc délabré qui se trouve à peu près au centre de l'église et en face de la chaire, porte encore le nom de *banc des jurats*. Ces siéges autrefois réservés à de graves magistrats, ne sont plus occupés aujourd'hui que par quelques étourdis de la gent étudiante. Le pavé se composait, jusqu'à ce jour, de larges pierres qui ont servi de pierres tumulaires à nos ancêtres; on a entrepris de le renouveler en entier: déjà le chœur se fait remarquer par ses octogones et ses carrés de marbre des Pyrénées. Les colonnes en pierre, qui forment, avec les deux côtés longitudinaux de l'église, deux

(1) *Marca*, nom d'un historien du Béarn qui possédait un château à Monein.

voûtes inégales, supportent une charpente dont la disposition des parties étonne par sa perfection. Cette charpente, nous la recommandons à l'examen des gens de l'art.

Enfin, portons un instant nos regards sur un monument sans contredit le plus digne de notre admiration. A huit ou dix minutes Ouest de Monein, existe un camp romain, le plus curieux peut-être du département. On le nomme parmi nous, *Casteras* (Castra). C'est là, dit-on, qu'ont dû longtemps bivouaquer les soldats de César. (1) On y voit encore, et la double ceinture de remparts et la plaine aux manœuvres. Pendant dix-huit siècles, le temps, les révolutions, les hommes ont respecté ce souvenir de l'invasion romaine. Eh bien! il était réservé à notre siècle de voir violer ce pieux et traditionnel respect. Ce camp a été vendu par ordre supérieur, en plusieurs lots, aux enchères publiques..... Quoique vendu depuis plusieurs années, il existe encore.

(1) Nous discutons plus loin, dans une courte étude, cette opinion.

Ne dirait-on pas, vraiment, que les acheteurs, mûs par un noble sentiment, s'entendent pour nous le conserver? Mais, hélas! l'égoïsme est si grand de nos jours, que nous craignons qu'on ne le fasse disparaître.

. . . .

. . . .

..... Nous espérons que nos concitoyens et nos lecteurs indulgents nous pardonneront d'avoir essayé de livrer à la publicité quelques-unes de nos réflexions (1).

(1) Cette notice remonte à plus de trente ans. Aujourd'hui, Monein, dont la population agglomérée n'est pas considérable, mais dont le territoire est très-étendu, possède un Comice agricole, et son Exposition annuelle des fruits est une des fêtes patriotiques de la contrée. Le travail et l'épargne y ont, du reste, sensiblement amélioré le bien-être des plus modestes cultivateurs.

PARDIES (près Monein)

PARDIES

(PRÈS MONEIN)

Sur les bords pittoresques qu'arrose le Gave de Pau, apparaissent des groupes nombreux et variés d'habitations; ses eaux, dans leur cours rapide, baignent, ici, la modeste chaumière du pêcheur; là, les pieds royaux de quelque vieux donjon; plus loin, elles saluent, en murmurant, la sainte chapelle où le croyant vient dire sa prière.

Au milieu de ces petites cités riveraines, entre Pau et Orthez, sur une riche plaine, s'élève *Pardies*, parée comme pour une fête. Pardies — qu'il ne faut point confondre avec son homonyme du canton de Nay — conserve cet esprit d'indépendance et d'industrie qui lui assigne une place distinguée dans la vieille organisation Béarnaise ; Pardies possède toujours cet orgueil national, cet air de franchise et de courtoisie qui caractérisaient si bien nos ancêtres. C'est que cette localité a joué un rôle important, même dans ces temps reculés sur lesquels l'histoire n'a jeté que de faibles lumières. Un document curieux, trouvé dans les archives de la Mairie, vient à l'appui de ce que nous avançons. Voici ce qu'on lit dans une sentence du Sénéchal d'Orthez, du 30 mars 1409, en faveur des habitants de Pardies contre les prétentions du Vicomte Souverain du Béarn sur le droit de pacage, de pêche et de chasse, dans les bois, eaux et barthes de Pardies :

« . . . .

« . . . .

« *A daqueres demandes, lous habitans de*
« *Pardies respounen per lours deffences, disen*

« que lou dit locq de Pardies anticquamens « hundau abè mes de poble coum de foecqs « que au prèsen nou fè ; y per los Arsies qui « en lou dit locq estaden son grandamen dimi- « nuat ; per los dits Arsies en pergut las « cartes y priviledges à lous autreyas per lous « Seignours Souviràas de Bearn. Et disen « que de l'edificâon deu dit locq memory « de hommy nou pot estar, ny es aũ presen ; « et lous que au presen son, et lous prede- « cessours ab anticq per tout temps successi- « vements l'un après l'autra lous Seignours « Soubiràas de Bearn, et lous officiers, scabens, « bedent et audient ; lous circonvoisis deu dit « locq de Pardies an bist et pouden beder et « audir per legitime y pasificque possesion, « acqueride, non pertorbade, molestade ny « affligide, ny adaquere nulle contradiction « interpausade per nul Seignour qui jamais fos « en Bearn, ny per autre personne per plus de « temps de dets cent sept ans ou au meinhs per « tant de temps que nulle memory deu countre

« nou es attiengude, et tiennin et possedin et « au possedit bonnamens et pacificamens coum « à lour propy, de tous lous fruts, expleits et « émolumens per cas adventives, fustadges, « herbadges et peixadges quinhs ny quoaux que « sient per far et diser à leur propy bo- « lentat, deus boscq et barthe apperades de « Pardies.................. deben franquamens « estar relaxats ainsi que far se deu de dret « fors et coustumes. »

En parcourant cette pièce curieuse, on ne peut s'empêcher d'admirer la haute raison et la noble équité de ces magistrats du bon vieux temps. Oui, les lois du Béarn, fondées sur d'antiques coutumes, méritaient à juste titre l'amour et le respect de nos aïeux. A cette époque, où la barbarie et le despotisme régnaient encore sur tous les points de la France, le Béarnais avait ses Fors, sauve-garde de ses droits et de ses libertés.

Et, cependant, des invasions continuelles, des guerres désastreuses avaient longtemps arrêté le Midi dans sa marche vers la civilisation et le progrès. Ainsi, nous voyons dans l'extrait précité de l'acte du Sénéchal d'Orthez que les *Arsies* dépeuplèrent le lieu de Pardies et lui firent perdre les lettres et privilèges à lui octroyés par les Seigneurs souverains du Béarn (1). Ces *Arsies* ou *Arsiens* étaient les *Visigoths* Ariens, et pour qu'on n'éprouve point de doutes à ce sujet, jetons un coup d'œil rapide sur l'état de nos provinces méridionales durant les premiers siècles de notre ère.

On suppose que c'est vers la fin du IVe siècle que le christianisme fut introduit dans l'Aquitaine. Les mémoires insérés dans l'ancien bréviaire de Lescar, rapportent que Léonce, patriarche de Trèves, envoya Julien conquérir à la foi les provinces les plus éloignées. Julien fut l'apôtre du Béarn, et son premier évêque. Ces nouveaux conquérants, qui n'avaient pour toute arme qu'une croix, commençaient à éclairer l'Aquitaine de leurs lumières, lorsque l'invasion

(1) En vieux Béarnais, *arsies* veut dire aussi incendies *(ardere)*.

des Barbares vint replonger le Midi dans les ténèbres de l'ignorance. — Les Vandales, les Suèves, les Alains inondent tour à tour les Gaules, ravagent les campagnes, détruisent les villes, puis passent en Espagne. A leur suite, les Visigoths viennent de nouveau conquérir ce pays sous les ordres d'Alaric. Après quelques années d'établissement, Wallia, leur nouveau chef, s'alliant avec les derniers Romains, va pour eux combattre en Espagne. Après la victoire, il est rappelé dans les Gaules, et reçoit, pour prix de ses services, une partie de l'Aquitaine, avec le titre de roi; mais il trouva le moyen de s'emparer de tout le reste, et partant, du Béarn. Sous ses successeurs, Oloron et Benearnum faisaient partie de la monarchie des Goths. Marca rapporte que, vers la fin du ve siècle, Euric, successeur de Wallia, et sectateur d'Arius, persécuta les chrétiens, fit égorger les évêques et les prêtres, détruire les églises, en sorte que l'herbe et les ronces croissaient au pied des autels, et qu'on y faisait pacager les bestiaux. On ajoute encore qu'Alaric, fils d'Euric, fut plus tolérant que son père ; mais la haine de l'Arianisme, le souvenir ou la crainte des persécutions rendirent les catholiques infidèles à leurs princes ; ils favorisèrent les armes des Français, et Alaric fut vaincu et tué à Vouillé, et l'Aquitaine fut réunie à la France par Clovis.

De cet exposé, nous devons conclure que la cité de Pardies a été ravagée et dévastée par les *Arsies* pour cause de religion, et que ces *Arsies* ne sont autres que les Ariens (Visigoths), mot corrompu par les copistes ou par la prononciation.

Si, comme nous venons de nous en convaincre, Pardies est recommandable par son antiquité, elle n'est pas moins flattée d'avoir été la métropole de cette vaste plaine qui se déploie autour d'elle. Tous les petits clochers compris entre les coteaux de Monein et le Gave de Pau, ont été ses vassaux. C'était à Pardies que se tenaient les assemblées représentatives pour discuter les intérêts généraux de la contrée. Nous trouvons la preuve de ce fait dans une requête présentée par les *Jurats* de Pardies à la Cour souveraine du Béarn. Citons un passage de ce rapport important du XVIIe siècle :

« A *Messieurs* las gens deu prumé, second « et ters-Estat, à nos *Seignours* tenants los Etats-« généraux deu païs de Béarn. Très-humblement « vous remonstren lous Jurats deu locq de « Pardies, *disentz* de toute antiquititat lous « locqs qui sont situats en la planne nommats « Abidos, Os, Marseillon, Morenx, Nouguères, « Abos, Tarsacq, Bezingrand, Parbayse et la « Fourcade, son estats censats membres deu dit « Pardies, comme estent lou Capduil; et en « talle qualitat lasbets qu'y ère question de se « assemblar per far las delibérations sus las « indegudes vexations quy se fazen tant per las « gens de guerre, capitaine deu Parsan, pour-« suite deus layrons, et de gens menans vitte « escandalouse, lous Jurats ou guardes de chas-« cuns viledges precedens, y lous dits Jurats de « Pardies se troubaben en l'assemblade, et

« composiben lous toutsun inedix corps, etc., etc.

« . . . .

« . . . .

« et d'autant nous es juste, *sauf respect*, qu'un « priviledge fundat en une costume si ancienne « demore esteinte per lou refus deus dits Jurats « d'Abos et de Lafourcade quy se monstren « refractaris, lour suplican plus humblement « vous plasie ordonnar per un reiglament generau « que tant lous dits Jurats d'Abos, de Lafour- « cade, que touts autres Jurats deus Capduils, « membres da dequet seran tenguts et obligats « de comparir et se trouvar au debaig la Halle « de Pardies, lous jours, et hores quy requerits « en seran per lous dits Jurats ou goardes de « Pardies por entender las propositions quy « lous seran feytes concernant l'intérêts de la « ditte planne. Et qui lo semblabli sera observat « en touts lous austres Capduils, et farats bien. »

Cette adresse nous prouve suffisamment que Pardies a été, de toute antiquité, le chef-lieu de la plaine, et les Jurats avaient raison de faire respecter cette prédominance.

Mais si nous nous reportons au commencement du XIIe siècle, nous remarquons que Pardies a eu aussi sa période de gloire, de fêtes et de grandeur; les Princes du Béarn en avaient fait leur demeure habituelle. Comme cette petite cité devait être coquette et fière avec sa brillante cour et sa population de gentilshommes!........... C'était l'époque où le fanatisme des Croisades agitait l'Europe. Gaston IV gouvernait le Béarn; ce Prince magnanime suivit l'impulsion générale et partit pour la Palestine à la suite de Godefroy de Bouillon; il fut l'ami, le compagnon et l'émule de Tancrède. C'est à Gaston de Béarn que fut confiée la direction des machines dressées contre Jérusalem; il s'acquitta de cette tâche avec autant d'habileté que de talent. Lorsque la place fut prise d'assaut, notre héros Béarnais protégea les vaincus contre la férocité des vainqueurs. Guillaume de Tyr nous représente Gaston comme un excellent et magnifique Seigneur, aussi célèbre par sa naissance que par sa probité. De retour en Béarn, Gaston témoigna sa reconnaissance à Dieu, en faisant plusieurs dons utiles aux églises et aux abbayes. Il administrait ainsi paisiblement ses États, quand Alphonse d'Aragon appela les princes chrétiens à son secours contre les Maures. A cet appel, Gaston passa en Espagne. Après avoir étonné l'ennemi par ses exploits, au siége de Saragosse, ce Prince reparut en Béarn, fonda l'abbaye de Sauvelade, l'hôpital de Sainte-Christine à Somport, l'hôpital de Gabas, et une maison hospitalière à Mifaget et à Aubertin, et puis alla mourir à Saragosse, où il est enseveli dans l'église de Notre-Dame-del-Pilar.

La même année de ce départ de Gaston pour la Péninsule, il s'éleva, dit Marca, un différend entre Talèse, femme de Gaston et vicomtesse de Béarn, et Guillaume Ariot de Bedosse, au sujet de la donation de l'hôpital d'Aubertin, cette maison étant une dépendance de la Seigneurie de Bedosse. Mais Talèse et

Assenarius, prieur d'Aubertin, s'accordèrent avec le seigneur Guillaume Ariot, et donnèrent, pour le faire départir de ses prétentions, *nonante brebis pleines*. Cet acte, relaté dans l'Histoire du Béarn, est daté du XVIe des calendes de février 1128; gouvernant Centulle V, en Béarn, pour son père absent, *fait et homologué en la cour vicomtale de Pardies*. Cautions : Arnaud de Lescun, abbé laïque de Monein, et Garcias, abbé laïque de Marseillon.

Tout porte à penser que cette cour vicomtale avait sa résidence au château de Lavigne, aujourd'hui détruit. On ne peut douter que sous ce règne glorieux, le séjour de Pardies ne dût avoir bien des charmes : un beau ciel, des campagnes riantes, un peuple courtois, et avec cela les splendeurs de la cour!

Plus tard, nous voyons encore ce même château de Lavigne recevoir deux hôtes augustes, deux reines d'Espagne. On sait que Philippe V, duc d'Anjou, petit-fils de Louis XIV, perdit, le 14 février 1714, sa première femme, Marie-Louise-

Gabrielle de Savoie, et qu'il épousa, le 24 décembre de la même année, Elizabeth, fille d'Edouard Farnèse. La veuve de Charles II, prédécesseur de Philippe V, Marie-Anne de Neubourg, fut chargée d'aller au-devant de la royale fiancée. En traversant le Béarn, ces deux princesses choisirent Pardies pour y séjourner, du 3 au 4 décembre. M. l'Intendant et M. le duc de Gramont faisaient partie de leur suite. Les dépenses que ce passage occasionna se montèrent à la somme de *deux cents et quelques francs*. — Ce serait bien peu de chose pour les pèlerinages princiers de nos jours.

Cet éclat dont jouissait Pardies, le temps le lui a ravi. Mais la Révolution lui a porté le coup le plus terrible. Louis XIII, par une ordonnance datée de Fontainebleau, du mois de juin 1628, avait accordé un marché à Pardies; c'était comprendre assez les idées industrielles et commerciales de la localité. 93 est venu lui arracher ce dernier reste de vie...

Privé de tant d'avantages, Pardies se

trouve aujourd'hui réduit à s'entretenir de commérages, de chronique scandaleuse. Espérons, cependant, que la destinée ne lui aura point retiré toutes ses faveurs; espérons que son importance ne tardera pas à s'accroître. Le pont suspendu qui s'élève sur le Gave, entre Abidos et Lacq, semble déjà confirmer nos prévisions ; ce travail important destiné à unir un jour la grande ligne des Landes en Espagne, par Orthez et Oloron, nous le devons au zèle infatigable de M. Pèdre La Caze pour les intérêts du pays. Sans ambition personnelle, d'une obligeance devenue proverbiale, n'ayant en vue que la paix et la prospérité publique, la famille La Caze commandera longtemps l'amour et le respect de nos contrées (1).

(1) Les trente années qui se sont écoulées depuis la publication de cette note, n'ont fait qu'accroître la popularité de cette noble famille dans le Béarn. M. le baron Pedro La Caze n'est plus; son frère, M. le docteur Louis La Caze, est également mort en léguant à l'Etat la magnifique galerie du Louvre qui porte son nom ; mais son plus jeune frère, M. Henri La Caze, ancien député,

Nous pouvons nous rassurer, Pardies a des données suffisantes d'avenir ; et tout voyageur ira visiter, en passant, cette charmante église, la reine des églises de la plaine, édifice remarquable par son élégante simplicité, auquel il manque, pour être parfait, le pendant de cette petite chapelle latérale, élevée par les bienfaits de MM. Lavigne, deux frères modestes et vertueux, et d'un commerce intime si doux et si agréable.

Quant au caractère des habitants de Pardies, il est toujours fier, toujours tel que nous l'avons vu dans cette fameuse querelle avec le vicomte souverain du Béarn. Et disons-le en terminant cette longue notice, plus d'une fois l'enfant de Pardies a su montrer sa bravoure et sa grandeur d'âme. Ainsi, Pardies est dignement représenté dans les rangs de l'armée d'Afrique par deux de

vit encore, et le fils de ce dernier, le sympathique représentant d'Oloron, M. Louis La Caze, élu le premier, en 1871, à l'Assemblée nationale, et réélu constamment, est aujourd'hui l'un des plus vaillants champions des idées sagement libérales qui peuvent seules assurer l'avenir de la France.

ses enfants, l'un, officier supérieur des zouaves, M. Safrané (1), commandant actuel de la place de Tlemcen, et qui ne doit ses grades qu'à son mérite et à son courage; l'autre, le jeune Safrané, neveu du précédent, qui a si honorablement figuré dans le rapport du maréchal Bugeaud sur l'affaire de l'Isly.

Ma conscience me fait un devoir de dire ici que le fond de ce travail sur Pardies, m'a été fourni par l'homme au cœur loyal et généreux,

(1) M. Safrané, en Algérie depuis plus de quarante ans, a été un ouvrier de la première heure, et comme soldat et comme colon. Durant une des périodes les plus critiques de l'occupation, en 1845, au moment même où se produisait la mémorable et douloureuse affaire de *Sidi-Brahim*, M. Safrané commandait, avec une poignée d'hommes, le poste d'*Aïn-Temouchent*, au milieu d'un pays insurgé; grâce à son énergie et à son intelligence, il éloigna l'ennemi et sauva sa petite garnison. Ce glorieux épisode de la guerre d'Afrique, dont les journaux contemporains ont rendu compte, a été raconté par une plume autorisée dans la *Revue des Deux-Mondes*. M. Safrané est encore aujourd'hui l'un des principaux colons d'Algérie, à Tlemcen.

qui, en s'acquittant avec zèle des occupations sérieuses de son ministère, trouve encore, dans cette localité, le moyen de consacrer quelques instants aux Lettres et aux Beaux-Arts.

LUC-EN-BÉARN & SON ABBAYE

41

LUC-EN-BÉARN

ET SON ABBAYE

Lorsque, suivant la route de Monein à Navarrenx, vous avez atteint le milieu de ce trajet, descendez quelque temps vers votre gauche et vous entrerez, sans vous en douter, dans l'antique bourg de Luc. Le groupe de ses modestes habitations est dominé par une église assez remarquable, monument du IXe ou Xe siècle, entouré de quelques murs en ruines, vénérables débris d'un monastère qui fut, durant plusieurs siècles, le plus opulent et le plus renommé du Béarn.

On raconte que Charlemagne allant combattre les Sarrazins en Espagne, jeta les premiers fondements d'un couvent au lieu de *Seübebonne* ou Luc, et le fit consacrer par Turpin, archevêque de Reims. Devons-nous ajouter foi à ce fait avancé par quelques écrivains ou plutôt faut-il penser qu'on aura voulu créer à cet établissement une origine digne de son nom? Nous ne saurions rien décider à ce sujet. Ce qu'il y a de certain, c'est que le couvent de Luc jouissait, à la fin du xe siècle, de privilèges assez signalés. Guillaume Sance, comte de Gascogne, qui mourut en 983, donna, du consentement de Gaston Centulle, vicomte de Béarn, à Saint-Vincent, représenté par quelques moines, le territoire qui s'étend depuis Luc jusqu'à Leduix, Poey et Verdets. Centulle-le-Vieux, vicomte de Béarn, confirma cette donation et jura de défendre les privilèges de l'abbaye. Gaston, son fils, et les principaux gentilshommes de la province, présents à cet acte, firent le même serment. Bien plus, ne voulant pas paraître moins libéral que ses prédécesseurs, Centulle-le-Vieux abandonna aux religieux de Luc l'église de Saint-Genner de Couchez, au Vic-Bilh.

Peut-être aurait-on lieu de s'étonner de ces actes de désintéressement de la part des seigneurs béarnais, si on ne savait que, dans ces temps reculés, un sentiment de pieuse émulation s'était emparé de la noblesse béarnaise; c'était à qui se dépouillerait le plus pour doter les églises, c'était à qui deviendrait le plus pauvre, mode assez singulière et qui, à coup sûr, ne ferait point fortune de nos jours........... Au commencement du XIe siècle, un gentilhomme, Loup de Castello, donne à l'abbé de Luc le village de Saucède et douze maisons de Géronce, à la condition d'être entretenu dans le monastère avec sa femme et sa fille. Une autre famille se consacre de même à la vie monastique. Garcias Galine se démet de Verdets et d'Aos et se retire parmi les moines avec son épouse, son fils et sa fille. Vers la même époque, Garcias d'Ogenne donne au couvent sa terre d'Aldeos;

son fils lui constitue une rente perpétuelle sur sa terre de Castelnau. Enfin il serait trop long d'énumérer les possessions immenses que la noblesse assura à cette maison. Toujours est-il qu'avec de pareils revenus, l'abbé Luc pouvait aisément supporter sa part des tribulations d'ici-bas.

Cette puissance matérielle que l'abbaye de Luc avait acquise aurait peu de droits à notre admiration si des souvenirs plus mémorables ne se rattachaient à cette maison. Au fond du cloître où se sont formés des hommes éminents, des prélats distingués, maintes fois nous avons vu des religieux de Luc occuper avec honneur le siége épiscopal et traverser dignement les temps les plus orageux.

En l'année 1500, un abbé de Luc, Amanévus d'Albret, est élu cardinal par Alexandre VI, et nommé administrateur de l'église d'Oloron. Après une longue vacance causée par des troubles de religion, un rejeton de ce fameux Pierre Maytie qui, d'un coup de hache, avait renversé et la chaire de Mauléon et le prédicateur calviniste Roussel, un de ses rejetons, dis-je, Armand Maytie, moine de Luc, reçut l'investiture de l'évêché d'Oloron, et ne contribua pas peu, par son zèle et ses lumières, à la conciliation des esprits et au progrès pacifique de la foi. A ce prélat succéda, sur le siége d'Oloron, un autre Armand Maytie, neveu du précédent, sorti également du monastère de Luc. Son administration commença en 1620 et finit en 1642. Deux abbés de Luc ceignirent encore la mitre d'Oloron, Pierre Gassion, fils de Jacques II, président du Conseil souverain de Navarre, docteur en Sorbonne, sacré à Paris, le 9 février 1648, et Charles de Salettes, nommé en 1682. Sur ces entrefaites, en 1667, Jean Dalec, religieux de Luc, quittait la cellule pour prendre en mains le sceptre diocésain de Bayonne. Enfin, en 1704, le supérieur de Luc, Bernard d'Abadie, fut aussi appelé à l'évêché de Dax.

Ces noms suffisent pour illustrer l'Abbaye de Luc. En effet, depuis que le Béarn était devenu le foyer des dissensions religieuses, la mission de vicaire du Christ était bien difficile, bien épineuse au milieu de nos populations agitées : alors, certes alors, l'épiscopat n'était pas une sinécure. Tandis que sur d'autres points du territoire français, les réformés souffraient de l'intolérance des catholiques, dans nos parages les orthodoxes étaient les persécutés. Partout la même fureur animait les partis. Les prétendus réformés se laissant aveuglément entraîner par quelques prédicateurs passionnés, se livraient à toutes sortes de désordres. Le monastère de Luc, édifice élaboré avec tant de soin, avec tant d'art, n'arrêta point les bras de ces sectaires, et ce monument, dont les siècles avaient respecté la magnificence, quelques instants de rage suffirent pour l'anéantir.

Il était réservé à Henri IV de vaincre les factions, de protéger les faibles. Son pays natal attira principalement sa sollicitude. Ce prince rétablit le catholicisme en Béarn, et, à ce propos, il est de notre devoir de consacrer quelques lignes aux trois missionnaires qui furent envoyés dans nos contrés.

L'un d'eux, Fortuné Colom, mérite surtout d'être connu de ses concitoyens. Né à Pau, en 1569, il fut élevé dans la religion nouvelle et se destina au barreau. Il avait déjà conçu quelques doutes sur ses croyances, lorsqu'il fit la connaissance, à Rome, du cardinal d'Ossat. Celui-ci dissipa si bien les préjugés du jeune protestant, que Colom adjura la foi de ses pères, et, renonçant au monde, il prit l'habit monastique.

Fortuné Colom, Olgiati et Bitoste, tous trois Barnabites, commencèrent leur mission dans la commune de Luc le 1er juillet 1608. L'église paroissiale se trouvant au pouvoir des novateurs, ils furent obligés de dresser un autel au milieu d'une prairie : leurs efforts ne tardèrent pas à être couronnés de succès, et l'église de Luc fut la première qui rentra dans le giron du catholicisme. Colom et Olgiati, parcoururent ensuite l'un le diocèse de Lescar, l'autre celui d'Oloron, pour y continuer leur sainte entreprise. L'histoire nous laisse ignorer la fin de leur carrière ; nous savons seulement que d'autres Barnabites vinrent s'établir en Béarn, et qu'on leur donna notamment l'abbaye de Luc. Quant au père Bitoste, il obtint du curé de Monein, M. Cheverri, homme vertueux, d'enseigner le catéchisme dans sa paroisse. Malgré les contradictions sans nombre qu'il eut à essuyer de la part des habitants de Monein, — *naturellement railleurs*, Bitoste n'en fut pas moins actif pour propager l'instruction et la morale dans les rangs de la jeunesse. C'est au milieu de ces louables exercices que la mort le surprit, à Monein, où il fut considéré comme un saint.

Et cependant, il parait que le zèle de Bitoste ne détruisit pas entièrement, dans cette cité, les germes du protestanisme. Sous Louis XIII, nous voyons le consistoire de Monein occupé à rétablir la paix et la concorde parmi ses principaux membres. Certaines familles, les dames surtout, — prétendaient avoir droit de préséance en approchant de la cène. Cela durait depuis plusieurs années. En 1626, l'affaire fut portée devant le Parlement de Pau, qui condamna des prétentions si ridicules. Loin de respecter ce jugement, le jour de Pâques de cette même année, les dames de N.... et de N.... s'avancèrent en même temps vers la cène, et se poussèrent si vivement, que l'une d'elles fut jetée à la renverse. Le scandale fut grand dans le temple. Le consistoire s'assembla et déclara solennellement que le *diable s'était fourré* dans cette église. Enfin, les jurats durent intervenir, et la querelle fut terminée. Pardonnons à un sexe pour qui la dévotion n'est souvent qu'un moyen de faire valoir ses attraits.

Mais laissons-là ces singulières discussions de nos aïeux et payons notre tribut d'hommages aux quelques monuments qui ont échappé ou résisté au marteau des démolisseurs. Une partie de cette vieille tour qui défendait l'entrée du monastère de Luc, est encore debout; auprès de cette tour, quelques murs décrépits attestent encore la beauté des vastes bâtiments de l'abbaye.

L'église paroissiale, qui touche à ces constructions, est assez curieuse ; elle date, comme nous l'avons dit plus haut du IXe ou Xe siècle ; la distribution de ses parties est régulière et soignée. Il est rare de rencontrer une sacristie à la fois aussi élégante et aussi simple que celle de Luc ; elle a, dit-on, servi jadis de chœur à l'église. Mais ce qui frappe le plus l'attention et l'intérêt de l'antiquaire, c'est une espèce de grande baignoire en marbre blanc, d'environ 6 pieds de long, dont les faces sont ornées de bas-reliefs. Au premier abord, on serait tenté de prendre ce monument pour un sacorphage chrétien, comme l'a avancé M. Badé, dans un feuilleton du « Mémorial des Pyrénées », du 29 octobre 1839. Pour moi, je crois qu'il est plus raisonnable et plus logique de penser que c'est un ancien *baptistère*.

En effet, l'histoire ecclésiastique, rapporte que, sous les empereurs païens, les premiers chrétiens ne pouvaient point administrer le baptême publiquement ; ils avaient pour cela des lieux secrets. Mais, dès que l'église fut en paix, elle fit construire des baptistères en rond, ayant un enfoncement où l'on descendait par quelques marches. Depuis, on se contenta d'une cuve de pierre, de marbre ou de porphyre en forme de baignoire. Cette cuve était ornée de figures convenables au Sacrement du baptême.

Ainsi le mouument de Luc présente-t-il sur l'une de ses faces, Adam et Ève mangeant du fruit défendu, premier point qui vient à l'appui de notre assertion. Sur la face opposée, on peut remarquer un grand personnage, un homme nu et une femme en pleurs; deux lions se tiennent à leurs pieds. N'est-ce pas Dieu qui reproche à Adam et à Ève leur pêché? L'homme et la femme avaient été placés sur cette terre pour être heureux et prospères; à eux seuls appartenait l'empire d'ici-bas; le lion même, ce potentat des animaux, vient ramper à leurs pieds; — mais l'ambition les a perdus; ils ont mangé du fruit défendu; eux et leur race porteront à jamais la peine de cette faute, et c'est dans cette cuve, dans ce baptistère, que l'homme est purifié de sa tâche originelle.

La face principale représente évidemment la résurrection de Lazare, et aussi l'agneau dont le *sang nous a lavés* ; puis, à l'extrémité de cette même face, on aperçoit un homme nu, à genoux, les mains derrière le dos, et devant lui un prêtre. A ce sujet, nous devons nous rappeler que chaque catéchumème se dépouillait et descendait dans les fonts, soutenu par son parrain. Le prêtre le plongeait trois fois dans l'eau, en prononçant à chaque immersion, le nom d'une des personnes de la Trinité. Au sortir de l'eau, le baptisé était présenté au prêtre qui lui faisait l'onction du Saint-Chrême, sur le haut de la tête avec le pouce, en y marquant le signe de la Croix. Le parrain le recevait des mains du prêtre et le couvrait d'un linge. Cet homme à genoux n'est donc qu'un nouveau baptisé qui reçoit de la main du prêtre l'onction du Saint-Chrême.

L'explication même rapide que nous venons

de donner au sujet des bas-reliefs qui ornent ce monument, ne doit plus laisser de doute dans l'esprit. Avec de telles données, nous sommes autorisés à penser que ce n'est point un sarcorphage, mais bien un ancien baptistère (1).

Il nous est difficile de préciser l'époque à laquelle appartient ce monument. On sait que l'usage de baptiser par immersion fut observé, soit dans l'église grecque, soit dans l'église latine jusqu'au XIIIe siècle. Il est donc antérieur à cette époque. Il est même probable, pour ne pas dire certain, qu'il date du IXe ou Xe siècle, époque de la construction de l'église

(1) Depuis la publication de cette Notice, quelques archéologues paraissent avoir admis qu'il s'agit en réalité d'un sarcophage gallo-romain. Tout récemment, en 1878, un membre éminent de l'Institut, dont nous connaissons la haute compétence, M. Edmond Le Blant, s'est rendu à Luc pour visiter ce monument; mais nous croyons qu'il n'a pu obtenir sur les lieux les éléments d'appréciation qu'il souhaitait. Nous le regrettons vivement. Son avis eût été précieux et eût certainement dissipé tous les doutes.

Saint-Vincent de Luc, parce qu'alors on ne bâtissait pas d'église sans baptistère.

Cela posé, il importe que la commune de Luc préserve de l'abandon et de l'oubli un objet si précieux; — les arts, le pays, l'amour propre national, tout le lui commande.

Puisse l'habitant de Luc, en lisant ce modeste essai de souvenirs locaux, reporter avec intérêt sa pensée vers ces temps déjà bien éloignés, et cela sans regret. Plus heureux que les contemporains de l'abbé de Luc, nous n'avons plus de fanatisme, ni de guerres de religion......

ABBAYE DE SAUVELADE

ABBAYE DE SAUVELADE

Tandis que le moyen-âge tenait encore la plupart des Etats Européens plongés dans l'ignorance et la servitude, une petite province méridionale se distinguait par la civilisation de ses mœurs et par son indépendance toujours et partout respectée. Plus on interroge nos souvenirs locaux, plus on s'intéresse à l'admirable et naïve loyauté de la vieille société béarnaise ; les Gaston et les Centulle ne se contentaient pas de donner au peuple des gages éclatants de leur dévouement à la Constitution ; ils élevaient aussi des monuments à leur piété.......

Parmi beaucoup d'autres localités, le petit village de Sauvelade (arrondissement d'Orthez), dut à la générosité de Gaston IV ce monastère si remarquable par la magnificence de son architecture et enrichi par tant de bienfaits.

Nous ne dirons pas ici combien s'illustra Gaston dans la Palestine ; le Tasse a chanté ses exploits ; nous ne parlerons pas non plus des franchises octroyées à Morlàas, ni des fondations de Mifaget, de Gabas, d'Aubertin, de Sainte-Christine, œuvres bien dignes d'un prince pieux et reconnaissant. Deux fois depuis, Gaston franchit les Pyrénées pour aller au secours d'Alphonse d'Aragon, et son nom était devenu la terreur des Maures. Revenu dans ses Etats en 1127, il voulut témoigner la gratitude au Dieu des combats et fonda l'abbaye de Sauvelade. L'acte de fondation plait par l'élévation des sentiments ; les plus nobles intelligences des derniers siècles n'auraient pas trouvé des considérants plus solennels et plus beaux. Voici les termes de ce curieux document, du VIIIe des ides d'avril 1127 :

« Attendu que par la faute de notre premier « père, nous sommes comme bannis ; que nous « n'avons pas une demeure ferme et stable en « cette vie, et que les choses visibles ne sont à « personne en propriété, mais qu'elles passent « d'une main à l'autre pour l'usage des géné- « rations ; comme d'ailleurs, je crains ce que le « seigneur dira au dernier jour à ceux qui seront « à sa gauche : « Retirez-vous de moi, je ne « vous connais pas », et ces paroles du psalmiste : « Ils ont donné leur sommeil et n'ont rien « trouvé » et celles-ci de l'apôtre : « Les puis- « sants recevront les peines puissamment. » « Désirant, au contraire, me faire des amis avec « les richesses d'ici-bas afin d'être reçu aux « tabernacles éternels après que j'aurai défailli « de ce monde et d'ouïr avec les justes ce mot : « Venez les bénis de mon père » ; et ceci : « Courage, bon serviteur, je t'établirai sur plu-

« sieurs choses. » Moi, Sance Gaston, vicomte « de Béarn, et ma femme, Talèse, et mon fils, « Centors, donnons à Dieu, à Sainte-Marie et « don Hélie, abbé de l'ordre de Citeaux et de la « règle de Saint-Benoît et à ses frères-serviteurs « de Dieu, présens et à venir, un lieu de la forêt « du Faget, appelé *Sauvelade* (Sylvia lata), qui « m'appartient par droit héréditaire. . . . .

« . . . .

« Nous leur accordons enfin sur les rentes « qui nous appartiennent de droit paternel, cent « sols poitevins, trente corbeillons de sel en la « ville de Salies et soixante barriques de cidre « ou de pommade . . . . »

Les témoins de cet acte furent Guy, évêque de Lescar, Fortaner d'Escot, Garcias de Monein, et plusieurs autres qui étaient présents et firent le signe de la croix *de leurs propres mains.*

On doit se rappeler que l'ignorance était encore l'un des apanages de la noblesse, et que les seigneurs tenaient mieux l'épée que la plume.

On remarquera également, dans cette donation, que la simplicité des derniers détails contraste d'une manière frappante avec la sainteté, la sublimité du début. On reconnaît bien là la pensée dominante du règne de Gaston IV, esprit de désintéressement et de vraie chevalerie.

Ce devoir étant accompli, Gaston repassa les monts une troisième fois pour cueillir de nouveaux lauriers dans la Péninsule, mais il y perdit la vie. Ces expéditions n'étaient pas bien onéreuses ; le Béarn n'aurait pas été assez riche pour payer tant de gloire : le Prince partait seul avec quelques volontaires, et son peuple n'était que plus fier et surtout plus heureux.......

La munificence des successeurs de Gaston, agrandit les possessions de l'abbaye de Sauvelade. Centulle V, non content de confirmer les donations de son père, concéda à cette maison la terre de Capbès, dans la vallée d'Ossau, terre fertile, site charmant........

Centulle ayant trouvé la mort à la bataille de Campodoliente et n'ayant pas laissé d'héritier,

Guiscarde, sa sœur, veuve du comte de Gabardan, gouverna le Béarn pendant la minorité de son fils. L'abbé de Sauvelade dut aux libéralités de Pierre et de Guiscarde, sa mère, le domaine de Bacarrau, à Pardies; l'acte de donation est écrit en latin: « Notum sit omnibus qùod Guiscarda, vicicomitissima de Bearn, et Petrus, « ejus fitius, pari consilio et voluntate pro « salute animœ suœ et parentum suorum, « dederunt Deo et Sancta Maria Sylvalata, et « fratribus ibidem Deo serviantibus et servituris, « molendina de Bacarrau, loco Pardies, liberà in « perpetuum possidenda. »

Il ne serait peut-être pas sans intérêt de parcourir les titres des nombreuses et importantes concessions qui furent faites à l'abbaye de Sauvelade. Durant les premiers siècles de son existence, Larrau, Capbis, Dognen, Andaux, Osenx, Biron, Mont, Maslacq, Lendresse, Abidos, Camptort, les fours d'Orthez, etc., etc., possédés par ces religieux, et une foule d'autres communautés payèrent longtemps un riche tribut à Sauvelade........ Mais il ne reste que quelques souvenirs du vieux cartulaire de l'Abbaye, et l'on ne saurait assez regretter la perte d'un recueil que Marca prend si souvent à témoin de ce qu'il avance dans son histoire du Béarn.

Quoiqu'il en soit, le monastère de Sauvelade était parvenu à l'apogée de sa puissance quand les troubles religieux éclatèrent en Béarn. Ce fut là une période bien déplorable pour le Royaume-Franc : la faiblesse et l'incapacité des monarques qui se succédèrent en si peu d'années sur le trône favorisèrent les factions. Dans le midi, les novateurs, forts de la protection de la reine Jeanne, appelèrent à leur secours Montgomeri, ce gentilhomme qui avait tué Henri II dans un tournoi. Les triomphes rapides de ce chef protestant furent très-funestes au pays de Béarn; ses satellites se livrèrent à toutes sortes de dévastations et de désordres. Insensibles aux beautés de l'art, ils immolèrent tout ce qui ne put pas résister à leur fureur. Le monastère de Sauvelade, dont les magnifiques bâtiments avait fait longtemps l'orgueil et l'admiration des Béarnais, devint en grande partie la proie des flammes.

C'était en 1569: tous les biens ecclésiastiques furent saisis, les solides et épaisses murailles de l'Abbaye, et les terres y attenant, furent vendues au seigneur de Mourenx, François de Laborde; les dépendances extérieures furent achetées par divers autres seigneurs. Quelque temps après, la paix générale parut rétablir un peu l'ordre et la tranquillité dans les provinces. Cette paix était très-avantageuse aux protestants, et, à ce sujet, le célèbre commentateur Montluc, qui, comme chef des catholiques, eut aussi sa part de succès et de revers dans cette lutte des partis, fait une remarque assez curieuse :

« Nous les avions, dit-il, battus et rebattus; « mais ce nonobstant, ils avaient si bon crédit au « Conseil du Roi, que les édits étaient toujours à « leur avantage. Nous gaignions toujours par les « armées, mais ils gaignaient toujours avec ces

« diables d'écritures. Ah! pauvre prince, que « vous êtes mal servi! »

Henri IV vint mettre un frein au déchaînement des passions. Ce prince magnanime donna le premier l'exemple d'un profond respect pour la liberté des consciences; ce que ne lui pardonnèrent jamais les fanatiques..... Son successeur alla plus loin. Sollicité de toutes parts, Louis XIII rendit, le 25 juin 1617, ce fameux édit de main-levée qui rétablissait les catholiques du Béarn dans la jouissance de leurs biens et revenus. C'est en vertu de cet édit que les religieux de Citeaux reprirent possession du monastère de Sauvelade.

Depuis cette restauration, Don Juan de Noguiès fut le premier revêtu du titre de prieur de l'abbaye. Son nom figure dans tous les actes de rachat et restitution. Les procès et les embarras de son ministère ne l'empêchèrent point d'opérer d'importantes réparations au monastère. Son chef immédiat, l'abbé commandataire, est assez connu dans les annales judiciaires.

Messire Jacques de Boyer, abbé commandataire de Sauvelade, chanoine de l'église métropolitaine Saint-Étienne de Toulouse, et confesseur de la duchesse d'Orléans, fut assassiné avec son aumônier Barbouteau, le 28 novembre 1663, au territoire de Capbis. Le Parlement de Pau, saisi de cette affaire, prononça, le 21 mai 1664, toutes les Chambres étant assemblées, cet arrêt célèbre qui condamnait plusieurs accusés à être menés nus, en chemise, le hart au col, portant chacun un flambeau du poids de quatre livres, au-devant de l'église Saint-Martin de Pau, pour demander pardon à Dieu de leur abominable crime, et, ce fait, à être livrés entre les mains de l'exécuteur des hautes-œuvres pour avoir, par lui, les bras, jambes et cuisses rompus sur un échafaud qui serait dressé au lieu de Capbis; d'autres furent condamnés à l'exil ou à des amendes considérables; enfin, les communautés d'Asson, Bruges et

Louvie durent construire, à leurs frais, sur le théâtre de l'assassinat, une chapelle avec un logement pour deux ecclésiastiques; elles devaient aussi entretenir ces derniers dont le devoir était de prier pour les deux malheureuses victimes.

L'ordre de Citeaux conserva paisiblement le monastère de Sauvelade jusqu'à la fin du XVIIIe siècle : les premiers souffles de la tourmente révolutionnaire dispersèrent les moines de Sauvelades. Tous les biens ecclésiastiques et tous les fiefs furent confisqués au profit de la nation. Le prêtre et le noble, pour échapper à la vengeance populaire, durent fuir à la hâte le sol de la patrie. Cette fois, la secousse fut si violente que l'on ne peut s'empêcher de reconnaître là une leçon que la Providence avait préparée dans ses desseins pour punir l'égoïsme et l'orgueil d'un âge maudit.....

L'abbaye de Sauvelade et ses dépendances furent achetées par un opulent citoyen de la République française. Aujourd'hui, on peut encore admirer les vastes constructions qui ont résisté aux outrages du temps et des révolutions.

Pour nous, lorsque nous avons visité ces lieux, nous n'avons pu nous défendre d'un sentiment de respectueuse émotion, en pensant que c'était là tout ce qui restait de ce monument superbe, élevé par la reconnaissance d'un prince béarnais, en pensant surtout que sous ses toîts s'étaient souvent abrités des voyageurs égarés à travers ces campagnes désertes, et que là aussi, dit-on, les cagots, ces autres parias de la chrétienté, trouvaient toujours asile et protection.............. Mais, ce qui a plus attiré notre attention c'est la chapelle contiguë à ces bâtiments. Cette chapelle, qui ne dut pas être comprise dans la vente du monastère, sert aujourd'hui d'église paroissiale à la commune de Sauvelade. Il est rare, nous l'avouons, de rencontrer une petite église de cette forme et de cette élégance. L'intérieur du sanctuaire présente l'image d'une croix latine, et l'ensemble de l'édifice constitue un carré long, assez régulier, dominé par un dôme ;

l'architecture est d'ordre gothique. D'après cette simple esquisse, il est facile de voir que cet objet remarquable doit exciter toute la curiosité d'un antiquaire. On ne doit pas oublier que les murs seuls avaient résisté aux orages politiques et que la toiture est tout à fait moderne. Dans la sacristie, nos regards se sont portés avec intérêt sur une toile en soie rouge où était tracée l'image de l'*ecce homo*, et des vers et des prières en son honneur. Dans cette toile, qui porte la date de 1748, les vers nous ont frappé par l'originalité de leur construction. Nous regrettons bien vivement, pour l'édification de nos lecteurs, et pour la très-grande gloire d'un auteur inconnu, de ne pouvoir citer quelques strophes.

En vérité, quand on songe aux invectives dont les écrivains modernes n'ont cessé d'accabler le moyen-âge, on est à se demander s'ils ont eu toujours raison. N'est-ce pas, en effet, un moyen-âge que le Midi doit ses monuments les plus remarquables et les plus gracieux ? N'est-ce pas aussi chez les puissants d'alors que nous trouvons de si beaux exemples de moralité et de probité politique! Soyons plus pénétrés de respect et de vénération pour ces temps déjà si éloignés, et fiers de ces souvenirs, nous marcherons avec plus de confiance, aux nouvelles conquêtes de l'intelligence et de l'avenir.

LES CAMPS D'UNE AUTRE ÉPOQUE

LES CAMPS

D'UNE AUTRE ÉPOQUE

L'art de camper a fait, dans les années modernes, d'incontestables progrès, notamment depuis quelques années. Pour couvrir une contrée, il ne s'agit plus que de se préoccuper du choix d'un emplacement convenable, les travaux de construction et le temps qui, jadis, devenaient de précieux auxiliaires pour l'ennemi, sont aujourd'hui parfaitement économisés. Le soldat marche avec ses armes et son toît, il place ou déplace son camp avec une remarquable rapidité, et sait bien trouver partout un confortable inconnu des anciens : et, certes, ce n'aura pas été un des spectacles les moins curieux de notre époque, que celui de nos soldats, vivant durant des années entières sous la tente, dans les plaines ardentes de l'Algérie, ou transférant leur inaltérable et proverbiale gaîté sur les bords du Danube.

Maintes fois, cette pensée s'est présentée à notre esprit en visitant les camps, ouvrages d'un autre temps, que l'on remarque en assez grand nombre dans ces pittoresques contrées qui s'étendent au pied des Pyrénées-Occidentales, entre la Garonne et l'Océan. Et, chose singulière! dans ce siècle d'observations, de découvertes, de lumières, dans ce siècle, où la science a tout scruté, tout analysé, l'origine de ses camps est encore un mystère. On n'y retrouve aucune trace de constructions en bois ou en maçonnerie, ni inscriptions, ni indications qui puissent permettre à l'antiquaire de leur assigner une place dans l'histoire du pays. Tout ce qu'il est possible de reconnaître et d'admettre de prime-abord, c'est que leur construction date de la même époque. Cela résulte évidemment de l'uniformité dès travaux.

Ces camps, que les siècles ont ainsi respectés, sont généralement de forme ovale ou ronde : des revêtements en terre mêlée de gazon constituent leur enceinte, qui est entièrement couronnée par un parapet fait en talus. Ces ouvrages étaient tellement solides, qu'ils sont parvenus jusqu'à notre âge, presque intacts, sans dégradation, sans éboulement. Aucun sentier, aucune ouverture n'en facilite l'entrée. Pour pénétrer dans l'intérieur, on doit gravir le talus et franchir le parapet. Il n'échappe pas à l'observateur que ce plan général est le même, et que ce doit être là l'œuvre d'un seul et même peuple. D'un autre côté, il n'est pas moins incontestable que leur construction est fort ancienne et a précédé certainement le IXe siècle, date de l'organisation, de la constitution de ces petits Etats du Midi, dont l'histoire, parfaitement connue, ne fait aucune mention des camps.

Cela posé, il s'agit de déterminer à quelle époque antérieure il convient de placer leur origine, à laquelle des nations qui ont tour à tour envahi ou occupé le pays, ils pourraient être attribués. Il y a, comme nous l'avons dit, absence complète de données. La tradition, la respectable tradition, a, il est vrai, rapporté aux Sarrasins nos camps, qui, en effet, sur quelques points, sont connus sous la dénomination de *turon des Maures;* mais nous avons hâte d'ajouter qu'ailleurs on les désigne sous celle de *casteras* (du latin castra); tel est, par exemple, le nom donné au camp que l'on remarque près de Monein (Basses-Pyrénées), à coup sûr le plus remarquable et le plus soigné de tous. Dans d'autres localités, on les nomme : *camp de César.*

Selon nous, les dénominations et la tradition n'ont pas ici une autorité suffisante pour baser une opinion: c'est ce que démontre l'examen de diverses hypothèses auxquelles il est permis de s'arrêter. Et d'abord, dans les temps les plus reculés, sous les Gaulois, ces ouvrages, par leur position isolée près de terrains autrefois boisés, ne sembleraient-ils pas avoir servi aux cérémonies du culte des Druides, qui sacrifiaient dans les bois et enseignaient dans les bocages sacrés, ou bien ne pourraient-ils pas avoir été destinés aux sépultures ? Pour écarter la première supposition, il suffit de remarquer que, dans la partie de nos enceintes la moins défendue par la nature, le revêtement est plus élevé, et que l'on y a suppléé aux défauts du terrain par un large fossé. Et comment admettre que les prêtres gaulois aient été réduits, pour exercer leur ministère, à grimper ainsi jusqu'en haut de ces collines. D'un autre côté, est-il probable que les Gaulois aient choisi pour leurs sacrifices, pour les cérémonies de la religion, des collines aussi éloignées des centres de population qui occupaient généralement les bords des rivières et les plaines. La deuxième hypothèse est encore moins vraisemblable. Les travaux de culture et les fouilles pratiquées, n'ont fait découvrir, dans quelques anciens camps, ni urnes, ni médailles, ni fragments d'armes, ni pesons en terre cuite, ni lacrymatoires, ni dieux lares, ni cendres, ni ossements, toutes choses qu'on retrouve dans les cimetières gaulois ; aussi, nous n'hésitons pas à croire que des ouvrages qui ont reçu une forme définitive et que l'art s'est attaché à rendre inaccessibles, ont été plutôt des lieux de refuge, de sûreté, en un mot, des retranchements, et qu'il est plus rationnel d'en rechercher l'origine durant l'occupation romaine ou pendant ces trop mémorables invasions qui ont signalé les premiers siècles de notre ère.

On ne saurait contester que nos anciens camps n'aient quelque analogie avec ceux que l'histoire de la stratégie attribue aux Romains. Lorsqu'il s'agissait de camper, ceux-ci creusaient des fossés plus ou moins profonds, formaient un parapet au moyen de la terre provenant de ces fossés et jetée sur le bord. Pour le rendre plus ferme, ils mêlaient à la terre du gazon coupé. Nos vieux camps n'ont pas été faits autrement. Mais ici, on objectera avec raison que les camps romains étaient carrés, qu'ils avaient quatre portes, que la crète du parapet était toujours surmontée de pieux profondément enfoncés, et qu'enfin, les armées de Rome, lorsqu'elles quittaient une position, avaient toujours soin de détruire leurs fortifications pour qu'elles ne fussent point utilisées par l'ennemi. Or, les camps que nous retrouvons dans les régions pyrénéennes sont de forme ovale ou ronde, sans palissade, sans porte, et presque intacts. Si l'on ajoute à cette observation que le Béarn, où ces camps existent en grand nombre, ne fut jamais occupé par les Romains, que César se contenta de sa soumission volontaire, qu'Auguste et ses successeurs n'exercèrent sur ce pays qu'une espèce de suzeraineté, il devient évident que ces ouvrages, malgré la couleur latine du nom qu'ils portent souvent *(casteras)*, ne doivent pas avoir été construits par les Romains.

Nous ne nous arrêterons pas à la pensée de les attribuer à ces peuplades barbares (Vandales, Suèves, Alains ou autres) qui ont envahi les Gaules au ve siècle. Comme les vagues déchaînées par la tempête, ils n'ont laissé, dans nos parages, d'autre trace de leur passage qu'un long souvenir de deuil, de dévastation et de ruine.

Les Sarrasins qui vinrent plus tard d'un

autre point de l'horizon, non plus comme des barbares, mais comme les apôtres d'une civilisation, d'une idée, passent généralement pour les fondateurs de nos anciens camps. Cette croyance est vivement combattue par un homme fort érudit, *Palassou*, l'auteur d'une histoire naturelle des Pyrénées, qui vivait à la fin du siècle dernier. De tous ceux qui ont écrit sur ce sujet, c'est le seul qui se soit sérieusement préoccupé de l'antiquité de ces positions fortifiées que le voyageur rencontre fréquemment dans le pays compris entre la Garonne, l'Océan et les Pyrénées. Il en avait visité lui-même *soixante-quatre.*

Comme *Palassou* le fait fort bien remarquer, les troupes maures se composaient en grande partie de cavalerie, ce qui rendrait inexplicable de leur part la construction de retranchements spécialement propres à recevoir des fantassins. Il ajoute que le gros de leur armée a pénétré en France et en est sortie par le Roussillon, et que quelques corps détachés ont seuls suivi la route de la vallée d'Aspe et traversé la région couverte par les camps. Palassou appuie son raisonnement d'une considération concluante et qui, à notre avis, doit s'appliquer non-seulement aux Sarrasins, mais encore aux divers peuples que nous avons eu déjà à mentionner dans ce travail. Les anciens camps qui nous occupent n'ont existé ou n'existent que sur le territoire compris entre l'Océan, la Garonne et les Pyrénées; il parait assez étrange qu'on ne retrouve aucune trace d'ouvrages du même genre dans d'autres pays que les Maures, les Romains et les peuplades du Nord ont si longtemps occupés, et l'on est autorisé à penser que les uns et les autres ont été étrangers aux travaux de camestration dont nous recherchons l'origine. Quels en sont, dès lors, les véritables auteurs? Bien que l'écrivain que nous venons de citer, Palassou, ne se soit pas prononcé, les faits qu'il a constatés nous paraissent suffire pour émettre, pour motiver une opinion à cet égard.

Par leur position sur des sites élevés d'où l'on pouvait surveiller les alentours, par leur construction, par le faible rayon de l'enceinte qui ne contenait tout au plus que douze ou quinze cents hommes, nos camps ne convenaient qu'à une population leste, agile, disposant de petites troupes et non de grandes armées : ils étaient essentiellement des lieux de refuge. Ils étaient en rapport parfait avec le caractère, les habitudes et les besoins des habitants du pays. Il est donc logique d'admettre qu'ils ont été faits non contre eux et par une main étrangère, mais pour eux et par eux. Ces habitants du pays, c'étaient les Novempopulaniens (Cantabres et autres) fusionnés avec les Vascons, qui, au dire de Grégoire de Tours, le doyen de nos historiens, s'emparèrent, au VIe siècle, de tous le pays dans les limites duquel se sont précisément et exclusivement retrouvés les camps. Nous ne devons pas rechercher ailleurs leurs fondateurs, et évidemment, ces ouvrages qui ont excité notre intérêt, sont l'œuvre de ces populations indigènes de la contrée qui a formé, depuis, le pays basque, le Béarn et la Gascogne : ils servirent de rempart à leur nationalité naissante.

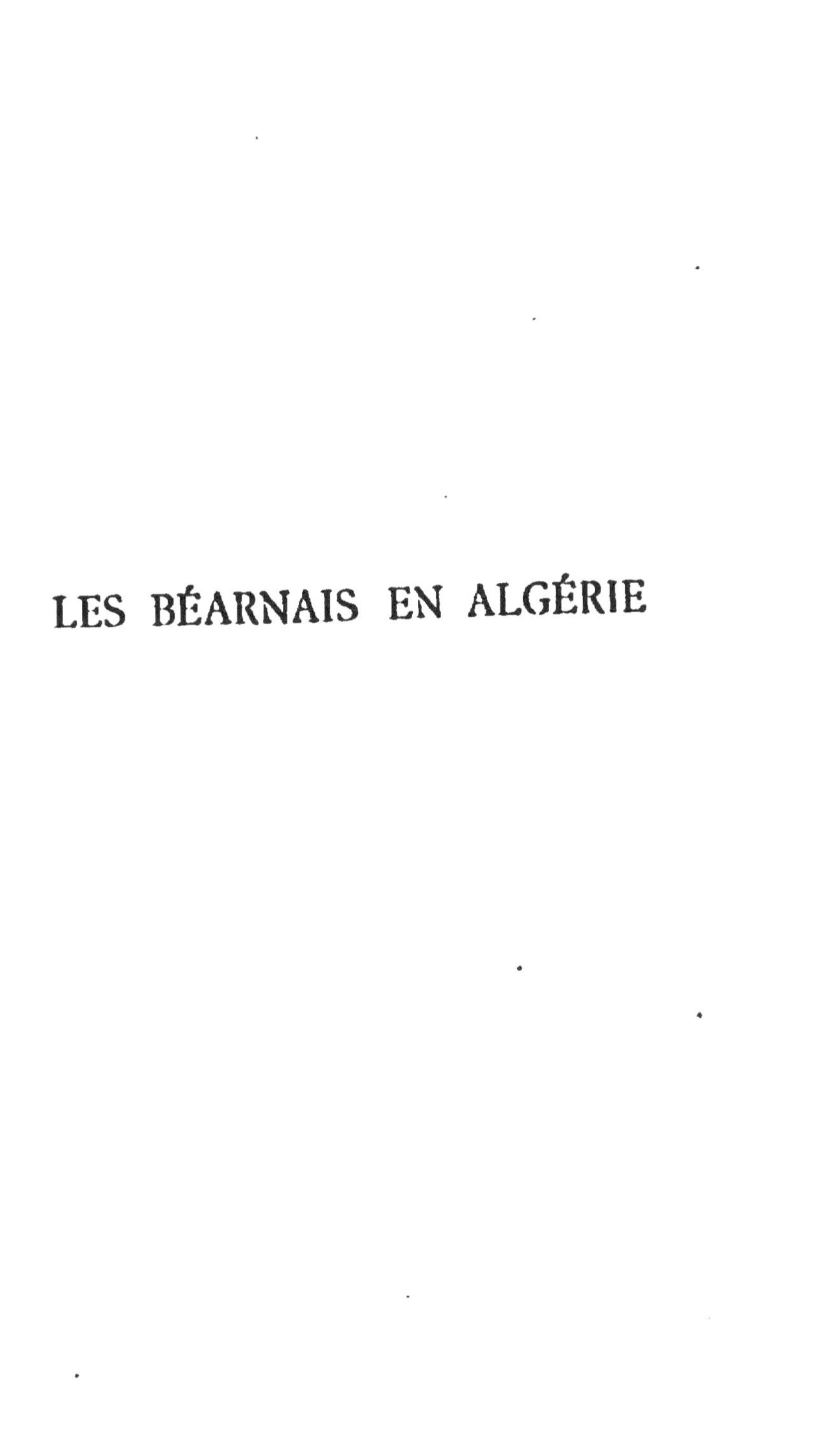

LES BÉARNAIS EN ALGÉRIE

Les BÉARNAIS en ALGÉRIE

ANNÉE 1847

Vue de quelques kilomètres en mer, Alger apparaît comme une ville ruinée ; l'ensemble de ses bâtiments superposés les uns sur les autres, et ce mélange de constructions mauresques et européennes produisent un effet singulier ; mais cette riche ceinture de collines jonchées de verdure et de maisons de plaisance, varie la monotonie du tableau. Plus on se rapproche de la côte, plus on est saisi d'admiration pour l'originalité de ce coup d'œil ; et c'est avec un religieux respect qu'on salue cette Kasbah, à la forme imposante, théâtre d'un affront si dignement vengé, et l'image du Prince que ses sentiments patriotiques et libéraux avaient rendu si sympathique au pays.

En entrant dans Alger, en parcourant ses principales rues, on se demande si c'est bien là la cité mauresque. Sur un des points les plus unis de l'enceinte, s'étend une place spacieuse, d'où l'on domine la mer, d'où l'on surveille et la campagne et la ville ; de cette place, trop dépourvue d'ombrage, et néanmoins continuellement peuplée d'élégants promeneurs, une suite régulière d'arceaux conduit, de côté et d'autre, à des faubourgs animés et riants. En voyant cette rivalité de luxe et de magnificence dans les magasins, ces relations amicales et continues des populations environnantes avec la capitale de l'Algérie, on se fait difficilement à la pensée, qu'à quelques lieues de distance, nos soldats poursuivent un ennemi acharné.

Aujourd'hui, une seule pensée préoccupe tous les esprits en France, c'est l'avenir de l'Algérie. L'homme politique et l'administrateur travaillent à lui donner une organisation sociale digne d'un peuple puissant et libre ; l'homme d'épée ne forme qu'un vœu, celui de payer à cette nouvelle patrie son tribut de dévouement ; le laboureur, lui-même, du fond de sa chaumière, a ouï raconter les merveilles de ce pays, et il quitte sans regret le champ de ses aïeux pour prêter à la colonisation le secours de son bras.

Pour nous, jeune et modeste serviteur de l'administration, nous avons voulu aussi avoir notre part de fatigues et de privations dans ce grand travail de civilisation; nous avons renoncé aux charmes de l'amitié, aux joies de la famille.

. . . .

Jaloux du progrès de notre entreprise, nous nous permettons d'appeler la sollicitude de l'administration sur une fraction intéressante de nos émigrants; nous voulons parler des Béarnais.

Il n'est pas de touriste qui n'ait visité le Béarn, cette pittoresque contrée sise au pied des Pyrénées-Occidentales ; il n'est pas de touriste qui n'ait salué sa capitale, Pau, gracieuse et charmante cité, qui montre avec tant d'orgueil, et le berceau de Henri IV et son vieux château, et cet antique parc d'où le spectateur voit se déployer un panorama si riche et si variée : il n'est pas d'homme du monde, il n'est pas de célébrité contemporaine, qui n'ait voulu voir ses établissements thermaux, sinon pour demander à leurs eaux salutaires le rétablissement d'une santé délabrée par le travail ou les plaisirs, du moins pour emporter une pensée, un souvenir de ses sites pittoresques ; enfin, il n'est personne qui, à ce seul mot de Béarn, n'éprouve un sentiment de reconnaissance... De tant de princes, que les destinées ont appelés à gouverner les peuples, un seul a rêvé sans cesse le bonheur de ses sujets. Le temps ne lui a pas permis d'accomplir son vœu de la *poule au pot* ; néanmoins, le peuple conservera sa mémoire. Ce prince avait reçu le jour en Béarn, et ses premières années s'étaient rudement écoulées au milieu des jeunes paysans Béarnais...

De temps immorial, ce pays de Béarn se faisait distinguer par la fertilité de ses champs, par l'abondance, la qualité rare et le prix modéré de ses produits agricoles. Cet état de choses permettait à chaque laboureur de vivre dans une honnête aisance. Mais, je ne sais par quel revirement de fortune, cette prospérité a tout à coup disparu : depuis quelques années, des fléaux désastreux ont ravagé cette contrée; peu d'instants ont suffi pour anéantir complètement le travail de toute une année, le fruit de tant de sueurs, et partant pour priver le cultivateur de sa seule ressource, de son unique moyen d'existence. Dès lors, on ne doit point s'étonner si l'enfant du Béarn que l'on voyait naguère si attaché au pays natal, s'empresse de répondre à l'appel du gouvernement.

Différent de tant d'autres colons, venus de tous les points de la métropole, le Béarnais, à peine débarqué sur le sol Africain, ne songe qu'au travail, ne songe qu'à s'assurer une honnête existence. Il court demander aide et protection à des compatriotes déjà établis; et grâce à ce soutien mutuel, grâce à cette union vraiment nationale, le Béarnais ne tarde pas à trouver de quoi subvenir à l'entretien de sa famille. Ainsi, nous voyons se former, aux alentours d'Alger, quelques centres de population spécialement composés de Béarnais et de Basques.

Et ce que nous avons dit plus haut sur les Béarnais, s'applique également aux Basques. Ces deux peuplades voisines, qui diffèrent par le langage, se confondent par l'identité de leur costume, de leurs mœurs, de leurs idées. Le Béarnais et le Basque sont laborieux, probes et religieux; et pour le bien de notre colonie, il serait à désirer qu'une majeure portion du territoire conquis fût confiée à de telles mains.

Notre système impose, pour ainsi dire, aux colons, la condition de toute société primitive : le colon doit être à la fois laboureur et soldat. Cette loi n'est pas nouvelle pour le Béarnais; les traditions locales ne lui ont pas laissé ignorer que ses pères ont longtemps vécu sous un régime analogue, alors que le Béarn formait une petite principauté tout à fait indépendante, avec ses mœurs, avec ses libertés; ses habitants cultivaient la terre ou se faisaient soldats, suivant que la patrie l'exigeait ; au premier signal d'alarme, le Béarnais laissait la charrue pour prendre les armes ; le danger une fois passé, l'ennemi une fois vaincu, il revenait paisiblement à ses terres.

Quant à la culture, le Béarnais a pour lui son savoir-faire et son expérience. Né au milieu des champs, habitué dès ses plus jeunes années aux travaux agricoles, formé à une vie laborieuse, réglée, sobre, il peut rendre d'immenses services à l'Algérie : la terre fertilisée par ses soins, par sa persévérance, prendra une face nouvelle.

Ce double devoir, le colon Béarnais le remplira donc avec conscience, avec honneur, avec succès. Mais ce n'est pas seulement par son dévoûment à la conservation et à la prospérité du territoire confié à ses mains et à son courage, ce n'est pas seulement par son amour du travail que le Béarnais se recommande à la bienveillance des autorités, à l'attention de nos colonisateurs : l'aménité de ses mœurs, de son caractère, son esprit d'ordre, sa probité, ne laisseront pas que d'intéresser vivement ceux qui s'occupent de notre organisation civile.... De tant de peuplades diverses, de tant de nationalités que notre conquête a attirée sur ces bords, il n'en est pas qui apportent dans leur conduite, dans leurs actes, cette franchise et cette loyauté du Béarnais. Que plusieurs années s'écoulent, que la paix, la tranquillité, favorisent nos efforts, et à coup sûr l'on ne pourra s'empêcher de reconnaître un jour tout ce qu'on devait attendre de ces cultivateurs.

Et, s'il était vrai que l'indigène fût capable de la moindre pensée de civilisation, s'il était vrai que l'indigène éprouvât le moindre désir de sincère rapprochement pour la France, le voisinage du Béarnais serait, j'ose le dire, d'une grande importance dans la solution de la question Algérienne ; ses habitudes, sa tempérance, et surtout ses principes religieux, devraient lui concilier l'attachement, l'admiration des sectateurs de Mahomet. Le paysan Béarnais ne s'est jamais écarté de la ligne que lui a tracée le modeste pasteur du village ; les enseignements à la fois si simples et si sublimes de ces hommes de Dieu, ont toujours été son guide et son soutien. Loin de son pays, ces sentiments ne se sont pas altérés : près des camps, comme autour du clocher, de pareils souvenirs fortifient son courage, son existence, et n'influent pas faiblement sur le bonheur du ménage, sur le bien-être de la famille.

Mais aussi quelle régularité dans cette vie! — Aux jours de fête, les Béarnais et les Basques des environs d'Alger affluent dans nos murs; on les reconnait à leur berret, à leur costume national, qu'ils ne quitteront qu'avec regret; leur compagne les suit de près, avec ce petit foulard qui lui sert de coiffure, et va si bien à sa physionomie vive et prévenante. On reconnaît encore le Béarnais à son énergique juron, l'historique *Dili biban*, que les biographes de Henri IV ont si faiblement traduit par: « vive Dieu! » — Après avoir consacré ce jour de repos à satisfaire largement sa curiosité et à faire ses provisions de la semaine, le Béarnais regagne sa demeure, bien disposé à poursuivre sa noble mission avec un zèle soutenu.

Cela posé, et pour peu que l'émigration continue. pour peu que le Béarn envoie de nouveaux bras, nous ne désespérons pas de voir la fertilité, les produits de cette contrée fleurir, un jour, sur quelques points de l'Algérie. Et certes, pour les enfants des Pyrénées que le caprice de la fortune rejettera sur ces rivages, ce ne sera pas un spectacle peu touchant que celui de ces centres de population formés à l'image de la société Béarnaise; il ne sera pas tout-à-fait indifférent, pour un cœur bien né, de retrouver, à de si grandes distances, son langage, ses mœurs et presque son pays; le Béarnais, avec son patois si naturel, si riche, si vrai, et la Basque avec son idiôme mystérieux, dont l'origine se perd dans la nuit des temps, et qu'il tient, dit-on, des Dieux.....

Quoiqu'il en soit, puissent ces nombreuses familles, que la misère a chassées de leur pays, trouver dans le fruit d'un travail assidu un soulagement à tant de privations, à tant de sacrifices! Puissent-elles surtout bien mériter de l'intérêt et de la sympathie des hommes éclairés, des hommes de progrès!

LES REGISTRES DE FAMILLE

LES PRINCIPALES VILLES DU BÉARN

EN 1700

LES REGISTRES DE FAMILLE

L'histoire du Béarn contient de nombreux témoignagnes du progrès relatif de la civilisation dans ce pays, à une époque assez reculée. Nous avons retrouvé la trace d'un usage très-intéressant qui existait en Béarn, et consistait dans la tenue d'un registre de famille, relatant les principaux événements de l'année. De semblables recueils pourraient être bien utiles à l'histoire. Nous publions ci-après des extraits d'un registre tenu par la famille d'un ancien notaire d'Arthez.

SERVANTE. — Le 22 janvier 1668, est décédée, à l'âge de 75 ans, P..., notre servante, après avoir servi chez nous pendant 40 ans.

LE CURÉ DE BIELLE. — Le 13 décembre 1672,

qui était un mardi, est décédé, à 1 heure après minuit, Pierre de Gabe, oncle germain de feu ma mère, natif de la ville de Sainte-Marie, âgé de 95 ans, ayant demeuré curé de Bielle 55 ans ; il est enterré au côté gauche de l'autel de l'église de Bielle.

De Marca. — Le 11 février 1689, à 4 heures après midi, qui était un vendredi, est décédé messire Galatoire de Marca, conseiller du roi en ses conseils, président au Parlement de Navarre ; il est enterré à l'église de Moncin.

Famine. — Ceci sera pour mémoire que, en l'année 1694, la famine a été si grande en Béarn et ailleurs, que le mois de juin de ladite année la mesure du froment s'est vendue jusqu'à 6 livres, la mesure du maïs jusqu'à 5 livres, la mesure du millet jusqu'à 4 livres 10 sols, celle d'orge jusqu'à 56 sols, et celle de seigle à 4 livres 15 sols. La misère était si grande, que grande quantité de monde est morte de faim, et les pauvres étaient si affamés qu'ils mangeaient toutes les herbes qu'ils pouvaient trouver, et grande quantité de maisons, du côté du Vicbil se sont trouvées inhabitées, pour être mortes toutes les familles. L'avoine a valu jusqu'à 3 livres la mesure, avec cette particularité que les hommes les plus riches ne trouvaient pas qui leur prêtât un écu il y avait aussi de la disette d'argent. Beaucoup de bonnes familles se trouvaient obligées de manger de la méture (1) et fort heureux d'en avoir, tous en sentirent et grands et petits, il ne se leva presque pas de vin; la barrique se vendait jusqu'à 25 et 30 écus de trois livres pièces.

Neige. — Le 14 mai 1698, à 7 heures du soir, il se mit à neiger et neigea toute la nuit, et la terre et les arbres en étaient couverts; il y en avait pour le moins un pan de profondeur; elle fut fondue le soir, qui était un jeudi; elle a gâté les seigles, qui étaient en épis, et la dite neige est venue après avoir plu tout le mois d'avril et jusqu'audit jour, 14 mai, avec des vents fort froids, et s'il y a eu quelques jours sans pluies, il faisait des vents froids qu'il n'y avait pas moyen de les supporter, ce qui a fort en-

(1) Pain fait avec du maïs.

dommagé les fruits et retardé beaucoup les vignes et gâté les raisins, et il n'y a eu que le tiers de vin. Ce qui a fait que l'on a vendu la barrique de vin au pied du pressoir à 75 livres, au Viebil et à Jurançon de même.

Grêle. — Le 8 juin 1710, jour de la Pentecôte, sur les trois heures après midi, il grêla à Pau si fort que tous les grains furent fracassés et aussi les vignes des Pères Jésuites et du Ferhon, ce qui causa qu'ils n'eurent que trois ou quatre herrades (1) de vin chacun, et je n'en ai eu que deux herrades; il grêla encore le soir de la Magdeleine qui acheva tout. Le 25 août 1710, vers les 8 heures du soir, il grêla si fort à Gan, qu'elle emporta toute la vendange et je n'eus, à une vigne, qu'un panier de raisin.

Le 31 juillet 1711, il grêla si fort sur le haut de Jurançon et Gan, que toute la vendange a été emportée, et il n'a pas fallu ramasser presqu'aucune grappe de raisin.

(1) Recipient en bois, cerclé en metal, servant de cruche.

LES PRINCIPALES VILLES DU BÉARN

EN 1700

Nous avons eu en manuscrit, les mémoires sur la Navarre et le Béarn, de M. Lebret, intendant de la province, en 1700. Nous y avons trouvé sur les villes du Béarn, à cette époque, quelques indications qu'il nous a paru intéressant rappeler.

Pau, capitale de la province et résidence du Parlement, montrait avec orgueil son château élevé par Gaston Phébus. La tour, que ce même prince avait fait construire dans l'enceinte du château et avait habitée, servait de prison en 1700. Les jardins et le parc dépendant du château, et conservés jusqu'à nos jours, étaient déjà fort agréables pour les promeneurs contemporains de M. Lebret. Il n'existait plus que les ruines du *Castet-Beziat* (château-chéri), bâti par la reine Jeanne au bas du parc.

Quant à la ville de Pau, elle ne consistait qu'en deux rues assez longues, mais assez mal disposées. Son palais était des plus incommodes et fort mal entretenu ; il en était de même de l'Hôtel-de-Ville. Son unique temple avait toute l'apparence d'une église de village : qui aurait prévu alors les destinées prospères de cette ville de Pau, aujourd'hui si coquette, si élégante et si bien habitée ?

Dans les environs de Pau, M. Lebret signale la pettie ville de *Lescar* (Benearnum) première capitale du Béarn, avec son antique cathédrale et ses nombreuses fontaines ; il cite encore *Nay*, déjà renommé pour ses fabriques d'étoffes et ses ateliers de teintures. Nous remarquons aussi, dans ses descriptions, *Orthez*, bâtie sur le gave de Pau, avec une enceinte de murailles en pierre de taille. Orthez avait quatre rues aboutissant à quatre portes; un égal nombre de faubourgs étendus donnait à cette ville une assez grande importance.

Le château des anciens prince de Moncade était déjà en ruines.

Non loin d'Orthez, à l'entrée de la vallée de Josbacq et dans une plaine fertile, nous rencontrons *Navarreux*, place forte avec ses bastions et sa petite artillerie. En 1700, cette place pouvait contenir dix compagnies, et possédait des magasins relativement considérables.

Mais à en juger par le récit de M. Lebret, la ville la plus importante du Béarn était à cette époque *Oloron*, dont la physionomie est encore de nos jours si pittoresque. La ville se composait de deux rues par lesquelles on montait d'un côté depuis le gave d'Ossau, et de l'autre, depuis le gave d'Aspe jusqu'au haut d'une colline très-rude; elle possédait deux églises sur cette hauteur. Oloron comptait environ 1,100 maisons et faisait un commerce assez considérable.

Sainte-Marie, séparée de la ville d'Oloron

par le gave d'Aspe en faisait partie avant qu'un prince du Béarn en eût fait don à l'évêque et au chapitre qui en étaient encore les seigneurs en 1700. Aujourd'hui, *Oloron* et *Sainte-Marie* sont de nouveau réunis et ne forment qu'une commune.

Les *Eaux-Chaudes* et les *Eaux-Bonnes* étaient bien connues pour les vertus de leurs sources, mais elles manquaient de voies faciles de communication.

NOTE (RENVOI DE LA PAGE 17).

L'église de Monein possède quelques tableaux. L'un d'eux représentant une Vierge assise, avait été toujours attribué à Murillo; mais c'est là une erreur évidemment. L'inscription espagnole que porte ce tableau ne laisse aucun doute à cet égard. Voici sa traduction : *Véritable portrait de Notre-Dame-des-Jardins extrâmuros de la ville de Lorca, fait à la dévotion de Bernard Ducos, commissaire extraordinaire de l'artillerie de ladite cité et de son département, dans le Royaume de Murcie, an 1708.* Murillo était mort depuis plus de vingt ans.

TABLE DES MATIÈRES

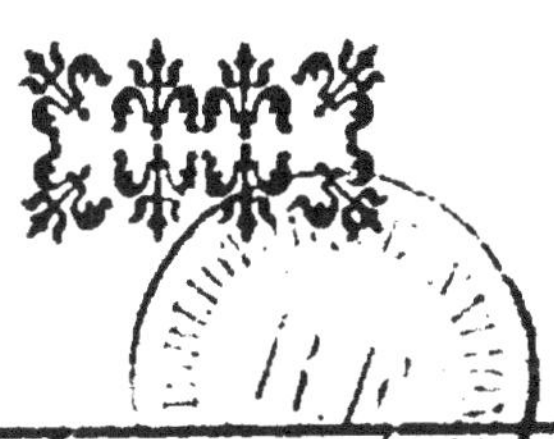

FÉCAMP. — IMPRIMERIE DE L. DURAND, PASSAGE SAUTREUIL

A LA MÊME LIBRAIRIE

Paris. — Imp. de E. Donnaud, rue Cassette, 9.

www.ingramcontent.com/pod-product-compliance
Ingram Content Group UK Ltd.
Pitfield, Milton Keynes, MK11 3LW, UK
UKHW020353230726
13925UKWH00003B/1108